Ajedrez Infantil
©Harvey Kidder

©Editorial Sélector, ilustraciones
y diseño de portada

SÉLECTOR
ACTUALIDAD EDITORIAL

D.R. © Selector S.A. de C.V. 2023
Doctor Erazo 120, Col. Doctores,
C.P. 06720, Ciudad de México

ISBN: 978-607-453-799-4

Primera edición: septiembre de 2023

Impreso en México • *Printed in Mexico*

Ajedrez infantil

HARVEY KIDDER

SÉLECTOR
ACTUALIDAD EDITORIAL

CONTENIDO

PRIMERA PARTE

¿Qué es el ajedrez?

¿Has visto alguna vez un tablero de ajedrez? ¿Te has preguntado cómo es ese juego?

Este libro trata precisamente sobre el ajedrez, el juego más antiguo y que requiere mayor habilidad jamás inventado.

Imagina que eres un general con un ejército bajo tu mando.

¿Cuál es el objetivo del juego? ¡Capturar al rey enemigo!

Enfrentas a otro general y su ejército, y solo el mejor saldrá victorioso. ¿Te imaginas la emoción que esto conlleva?

El ejército del ajedrez se asemeja mucho a nuestros ejércitos modernos. Está compuesto por varios tipos de soldados y personas. Sin embargo, no todos los soldados en el ajedrez o en la vida real son militares profesionales. De hecho, la mayoría son aficionados, civiles, como veremos más adelante.

Al igual que en la vida real, todas las personas son diferentes, y las piezas en el tablero de ajedrez también difieren entre sí y se mueven de diferentes formas. Sin embargo, al imaginar que no son personas reales, siempre recordaremos cómo se mueven.

El juego del ajedrez tiene sus raíces en civilizaciones antiguas como China, India y Persia, donde se jugó por primera vez hace muchos siglos. De hecho, el nombre "ajedrez" proviene de la palabra persa "Shah", que significa "rey".

Posteriormente, cuando las hordas árabes, conocidas como Moros, invadieron Persia, aprendieron el juego del

ajedrez de los persas y llevaron consigo ese conocimiento cuando invadieron España.

Desde España, el juego del ajedrez se propagó rápidamente por toda Europa, marcando un hito en su difusión.

Todo esto ocurrió hace muchos años, en un pasado remoto.

Los europeos, al adaptar el juego del ajedrez a su cultura, asignaron nombres a las piezas que son reconocidos en la actualidad: Torre, Caballo, Alfil, Rey, Dama y Peón. Es posible que tuvieran dificultad para pronunciar los nombres persas originales de las piezas, por lo que optaron por modernizar los nombres para que se ajustaran a su realidad cotidiana.

Aunque estos nombres no suenan especialmente modernos en la actualidad, si retrocedemos en el tiempo unos 600 años, podríamos imaginarnos viviendo en esa época. Desde una ventana de nuestro castillo, podríamos observar a los siervos o Peones trabajando en los campos, un Caballero acercándose montado en su

reluciente armadura, un Alfil vigilando desde una Torre, y ocasionalmente, el Rey y su Dama apareciendo en alguna parte de la escena.

Indudablemente, en aquellos días esos nombres parecerían tan modernos como lo sería en la actualidad hablar de la tienda de la esquina o la estación de policía local.

Las seis distintas piezas del ajedrez representan la forma de vida en la Edad Media. Su apariencia en el tablero, sus movimientos e incluso sus nombres, como las piezas de un rompecabezas, se relacionan con la descripción que hemos hecho sobre la vida medieval, con toda su pompa, elegancia y conflictos.

Además de ser interesante desde un punto de vista histórico, este conocimiento también resulta muy útil para aprender los movimientos del juego.

Ahora, hablemos sobre las piezas en sí, y a quiénes y qué representan.

LOS PEONES

Empecemos por los Peones. Representan a los siervos, jornaleros y personas de escasos recursos en la sociedad. Al igual que ocurre en cualquier sociedad, hay más Peones que cualquier otra pieza en el tablero.

En total, hay ocho Peones en el ajedrez.

Los Peones actúan como los soldados de infantería. A menudo, deben sacrificarse para proteger a las piezas más valiosas del ejército. Ejercen presión en el ataque, infligir pérdidas significativas e incluso, en ocasiones, tener el poder de finalizar el combate capturando al rey enemigo. Durante el transcurso de una partida, un Peón puede incluso ascender en el campo de batalla, de manera similar a cómo se promociona a un soldado en los tiempos modernos.

Los Peones desempeñan un papel estratégico importante en el ajedrez, y a pesar de su modesta apariencia, pueden tener un impacto significativo en el resultado de una partida.

LA TORRE

La Torre es una pieza fundamental en el juego de ajedrez, representada por una estructura vertical que se asemeja a una torre. Al inicio de la partida, cada jugador cuenta con dos torres ubicadas en las esquinas más externas del tablero.

Su presencia en el tablero garantiza la posibilidad de llevar a cabo ataques y defensas eficaces, convirtiéndola en una pieza indispensable en el juego.

La Torre puede moverse tanto horizontal como verticalmente a través de las casillas libres del tablero, sin restricciones en cuanto a la distancia que puede recorrer. Esta amplia libertad de movimiento permite a la Torre controlar filas y columnas, lo que la convierte en una amenaza potencial para las piezas enemigas y en una valiosa defensora de las propias.

La Torre es capaz de participar en diferentes tipos de maniobras y desempeñar un papel crucial en el desarrollo de la partida.

EL CABALLO

El Caballo es una pieza especial en el ajedrez, representando al único soldado profesional en el ejército del juego. Cabe recordar que mencionamos que la mayoría de las piezas en el ajedrez eran civiles, pero el Caballo es una excepción a esta regla.

Curiosamente, en inglés se utiliza la expresión "free lance" (lanza libre) para referirse a un trabajador independiente, y esta palabra proviene de aquella época. Originalmente, se refería a un caballero dispuesto a poner su lanza (es decir, a combatir) a favor de cualquiera que le pagara.

Durante la época medieval, la gente no solía viajar mucho. Era común que una persona pasara toda su vida sin alejarse más de 30 kilómetros de su lugar de nacimiento. Sin embargo, los caballeros (representados en el ajedrez por los Caballos) eran de una especie distinta. Buscaban aventuras y con frecuencia viajaban miles de kilómetros durante las cruzadas y otras expediciones. En el ajedrez, solamente hay dos Caballos disponibles para cada jugador.

El Caballo tiene un movimiento peculiar en forma de "L". Puede saltar por encima de otras piezas en el tablero y es el único que tiene esta habilidad. Su movimiento distintivo lo convierte en una pieza versátil, capaz de sorprender a los oponentes y penetrar rápidamente en el territorio enemigo.

Los Caballos desempeñan un papel estratégico importante en el ajedrez, ya que pueden controlar casillas que otras piezas no pueden alcanzar fácilmente. Su capacidad de movimiento único los convierte en valiosos aliados para el jugador astuto.

EL ALFIL

El Alfil en el ajedrez representa a un dignatario episcopal (del griego "epi", que significa "sobre", y "kopos", que significa "observar"). De esta manera, la iglesia está simbolizada por la figura del vigilante Alfil en el juego.

En aquellos días, la iglesia desempeñaba un papel importante en la vida de las personas. A medida que aprendamos a mover las piezas, veremos cómo los Alfiles y las Torres trabajan en conjunto de manera efectiva.

La parte superior de la pieza del Alfil se asemeja al sombrero utilizado por los dignatarios episcopales, conocido como mitra. Cabe destacar que en el juego de ajedrez hay dos Alfiles disponibles para cada jugador.

Los Alfiles tienen una movilidad limitada, ya que se mueven en diagonal a través del tablero. Cada Alfil se confina a un color específico de casillas (blancas o negras) durante toda la partida. Esta peculiaridad los convierte en piezas complementarias, ya que cubren y controlan áreas diferentes del tablero.

LA DAMA

La Dama es una pieza fundamental en el juego de ajedrez, considerada como la más poderosa y versátil del tablero. Es conocida como "el poder detrás del trono" debido a su capacidad para influir en el curso de la partida.

La Dama es, sin duda, la pieza más valiosa y poderosa en el ajedrez. Su amplio rango de movimientos le otorga una gran libertad en el tablero, permitiéndole desplazarse en cualquier dirección: horizontal, vertical y diagonal. Una aliada indispensable en la búsqueda de la victoria.

Cada jugador comienza la partida con una única Dama, que se coloca inicialmente en una casilla de su propio color. La Dama puede ser desplegada estratégicamente para realizar ataques contundentes, defender las piezas propias y crear amenazas constantes al rey enemigo.

La Dama es una pieza excepcional en el ajedrez, simbolizando el poder y la versatilidad en el juego. Una pieza clave en la búsqueda del jaque mate.

EL REY

El Rey en el juego de ajedrez representa la realeza y la autoridad indiscutible. Es la pieza más importante del tablero, ya que su captura significa la pérdida del reino y, por lo tanto, del juego.

El Rey está rodeado y bien defendido por sus súbditos, que son las demás piezas del tablero. La protección del Rey es crucial, ya que su seguridad es primordial para garantizar la continuidad del juego. Si el Rey es capturado, el jugador pierde la partida.

Aunque el Rey es la pieza más importante, no es la más poderosa del tablero en términos de movimiento. El Rey tiene una movilidad limitada y solo puede moverse una casilla a la vez en cualquier dirección. Sin embargo, su importancia radica en su protección y en la estrategia de mantenerlo a salvo mientras se busca debilitar al Rey enemigo.

En el juego de ajedrez, solo hay un Rey para cada jugador. Esto refleja la realidad de la realeza, donde solo hay un líder supremo en un reino.

Cuando observamos las piezas del ajedrez en su conjunto, podemos apreciar que no son simplemente esculturas sin sentido sobre un tablero, sino una representación completa de cómo vivía la gente hace seiscientos años, desde los más poderosos hasta los más pobres. El juego del ajedrez nos transporta a esa época y nos permite apreciar la complejidad y la jerarquía social de ese período histórico.

SEGUNDA PARTE

Como se mueven
las piezas del ajedrez

Hablemos ahora sobre el tablero de ajedrez, que es el campo de batalla donde se desarrolla el juego. El tablero está compuesto por 64 cuadros en total, alternando entre 32 cuadros oscuros y 32 cuadros claros.

Es importante tener en cuenta que el tablero no se coloca de cualquier manera, sino que siempre se debe situar con un cuadro claro en el ángulo inferior derecho al darle frente al tablero. Esta disposición es estándar y se aplica en todas las partidas de ajedrez.

La disposición específica del tablero es esencial para garantizar que los jugadores tengan una referencia clara y estandarizada durante el juego. Además, esta

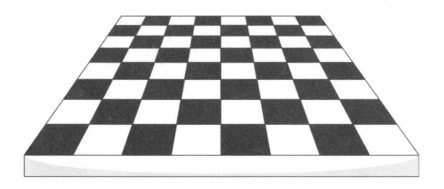

configuración permite una mejor visualización y distinción entre los diferentes cuadros y piezas.

El tablero de ajedrez, con su diseño característico y la forma en que se coloca, crea un ambiente distintivo y establece las bases para una partida justa y equilibrada.

Las piezas del ajedrez tienen distintas formas de movimiento. Una de ellas es el movimiento vertical, que implica moverse hacia arriba y hacia abajo en el tablero. Pueden moverse desde un cuadro oscuro a un cuadro claro, o viceversa, avanzando hacia el extremo contrario del tablero y regresando si es necesario.

Otro tipo de movimiento es el movimiento horizontal, que implica moverse de un lado a otro en el tablero.

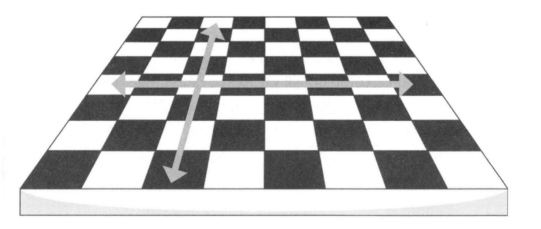

Pueden moverse desde un cuadro oscuro a un cuadro claro, o viceversa, siguiendo un patrón en forma de escuadra.

El movimiento en forma de escuadra se refiere a la posibilidad de moverse en líneas diagonales a través del tablero, alternando entre cuadros claros y oscuros. Este tipo de movimiento es característico de algunas piezas, como el Alfil y la Reina, que pueden desplazarse en diagonales en cualquier dirección.

Es correcto, existe otra forma de movimiento en el ajedrez, que es el movimiento en diagonal. Este movimiento implica moverse de una esquina a otra del tablero en una línea diagonal. En este tipo de movimiento, se atraviesa la esquina de un cuadro y se llega a la esquina del cuadro siguiente en la misma diagonal.

Es importante destacar que el movimiento en diagonal se realiza solamente entre cuadros del mismo color, ya sean claros u oscuros. Durante este movimiento, no se puede atravesar tanto cuadros claros como oscuros.

El movimiento en diagonal es utilizado por varias piezas en el ajedrez, como el Alfil y la Reina. Estas piezas pueden moverse en líneas diagonales en diferentes direcciones, aprovechando la amplitud y versatilidad de este tipo de movimiento.

Claro, vamos a imaginar que el tablero de ajedrez es un gran campo de batalla y las piezas representan a dos ejércitos de igual fuerza enfrentándose entre sí. En la siguiente imagen te muestro como se colocan las piezas.

De esta manera, al inicio del juego, cada jugador tendrá un conjunto simétrico de piezas dispuestas en el tablero, listas para el enfrentamiento.

Recuerda que el rey se coloca en el centro de la fila y la dama se coloca en la casilla de su propio color (dama blanca en casilla blanca, dama negra en casilla negra).

Ahora que tienes la disposición inicial de las piezas, estás listo para comenzar el juego de ajedrez. ¡Buena suerte!

En la parte trasera del tablero, donde se encuentran las posiciones más poderosas, se colocan las piezas llamadas Torres. Estas fortalezas se colocan en las esquinas del tablero, de la siguiente manera:

Junto a las Torres se colocan las piezas que representan a la caballería, los Caballos. Estas piezas se colocan de la siguiente forma:

De esta manera, al colocar las Torres en las esquinas y los Caballos junto a ellas, se establece una defensa sólida y estratégica para el inicio del juego.

Recuerda que estas son las posiciones iniciales comunes en el ajedrez, pero también existen diferentes variantes y posiciones de inicio que se pueden explorar.

Cierto, la iglesia, representada por los Alfiles, ocupa una posición importante en el tablero de ajedrez. Siguiendo la tradición y la estrategia, los Alfiles se colocan de la siguiente manera:

Recuerda que los Alfiles se colocan en las casillas de su mismo color, es decir, un Alfil en una casilla blanca y otro Alfil en una casilla negra. Esta disposición inicial permite que los Alfiles cubran diagonales opuestas y tengan un alcance estratégico más amplio en el tablero.

Ahora se quedan dos cuadros vacíos en el centro del tablero. Son para el Rey y la Reina (la Dama). ¿Pero en qué lugar van? Aquí tendremos que recordar una pequeña frase: "La Dama en su color". La Dama Negra se coloca en el cuadro negro. De esta manera:

Exactamente, los Peones, representando a los soldados de infantería, se colocan frente a las piezas más poderosas en el tablero. Esta disposición refleja su papel como primera línea de defensa y su importancia en el campo de batalla.

Frente a cada una de las piezas principales, se coloca un Peón. Esto se hace de manera simétrica para ambos jugadores, es decir, cada jugador tiene una fila entera de Peones en la parte frontal del tablero, enfrentándose directamente a las piezas del oponente.

Es correcto, en la colocación inicial del ajedrez, tanto el lado blanco como el lado negro se disponen de manera simétrica. Esto significa que las piezas blancas y negras se colocan en las mismas posiciones, reflejando la equidad en el inicio del juego.

La Dama blanca se coloca en un cuadro blanco, al igual que la Dama negra se coloca en un cuadro negro. Esta disposición resalta la correspondencia entre el color de la pieza y el color del cuadro en el tablero.

La asimetría en el movimiento inicial refleja la dinámica de ataque y defensa en el juego, permitiendo que ambas partes tengan oportunidades para desarrollar sus estrategias y tácticas.

Ahora, con ambas partes preparadas y dispuestas en el tablero, los jugadores pueden iniciar la partida, utilizando sus habilidades y conocimientos para llevar a cabo sus movimientos y tomar decisiones estratégicas.

¡Que comience el juego de ajedrez!

EL PEÓN

Observemos con atención la figura de la página anterior, ya que nos muestra claramente la forma en que los Peones se mueven y atacan. Aquí se detallan las reglas principales:

1. Los Peones se mueven un cuadro cada vez en línea recta hacia adelante.

2. Los Peones nunca pueden retroceder, ni tampoco pueden moverse cuando se encuentran con otro Peón enemigo en la misma hilera o fila.

3. En su primer movimiento, cada Peón tiene la opción de avanzar dos cuadros. Después de ese movimiento inicial, el Peón se mueve solo un cuadro a la vez.

4. Los Peones capturan piezas enemigas solo en el cuadro diagonal delantero, ya sea a la derecha o a la izquierda. Después de capturar una pieza y ocupar su lugar, el Peón continúa moviéndose en línea recta hacia adelante en la nueva fila. Al realizar una captura diagonal, el Peón se desplaza por la esquina superior del cuadro, lo que lo sitúa en un cuadro del mismo color al que ha abandonado.

Estas reglas definen claramente cómo se mueven y atacan los Peones en el juego del ajedrez.

Veamos cómo se asemejan los Peones del ajedrez a los soldados de infantería en la vida real, como los alabarderos. Los alabarderos eran soldados que llevaban largas lanzas o alabardas, y podemos encontrar similitudes entre ellos y los Peones del ajedrez.

Al igual que los alabarderos, los Peones son los soldados de infantería del tablero de ajedrez. Representan la fuerza principal en la línea del frente y desempeñan un papel vital en la defensa y el ataque.

Los Peones se mueven hacia adelante en línea recta, al igual que los alabarderos avanzaban en formación. Aunque su rango de movimiento es limitado, su presencia en el tablero es fundamental para proteger a las piezas más valiosas y presionar en el ataque.

Al igual que los alabarderos, los Peones también pueden capturar enemigos en un movimiento diagonal hacia adelante. Este movimiento estratégico recuerda la forma en que los alabarderos utilizaban sus armas para enfrentar a los oponentes.

Podemos encontrar una analogía entre los Peones del ajedrez y los alabarderos en la vida real. Ambos representan a los soldados de infantería, desempeñando un papel crucial en el campo de batalla y contribuyendo al éxito de su ejército.

Imaginemos que los Peones tienen sus escudos directamente frente a ellos para protegerse y mantienen sus lanzas apuntando en todas las direcciones, pero debido a su escudo, no pueden atacar al enemigo que tienen justo delante. Solo tienen la capacidad de atacar en diagonal.

A continuación, recordemos algunas cosas importantes acerca de los Peones:

El Peón se mueve un cuadro cada vez, en línea recta hacia adelante. Sin embargo, su forma de ataque difiere de su movimiento. Ataca en diagonal hacia el cuadro delantero (ya sea a la derecha o a la izquierda), y después de eliminar a su enemigo del tablero, continúa moviéndose hacia adelante, ocupando la misma fila que antes ocupaba su enemigo.

El Peón puede parecer no muy poderoso, pero puede llegar a ser extremadamente importante en las etapas finales de la partida. Si logra avanzar hasta el extremo opuesto del tablero, puede ser ascendido y convertirse en cualquier otra pieza, incluso en una Dama. Por supuesto, nunca puede convertirse en Rey. Ninguna otra pieza del ajedrez puede ser ascendida a un rango superior. Debido a su potencial de volverse poderosos, los Peones deben ser protegidos tanto por otros Peones como por piezas más fuertes.

Además, existe otra regla relacionada con los Peones. En su primer movimiento (y solo en el primer movimiento), cada Peón puede elegir entre avanzar uno o dos cuadros. Después de ese primer movimiento, solo puede moverse un cuadro a la vez.

Es interesante hacer esa conexión entre el primer movimiento de los Peones en el ajedrez y la estrategia de los alabarderos en la vida real. Es cierto que en las batallas, los soldados a menudo se sienten más seguros y confiados cuando tienen el apoyo de su ejército cerca.

Esta dinámica en el juego del ajedrez refleja la realidad estratégica de la guerra, donde las tropas avanzan cuidadosamente, evaluando el terreno y minimizando los riesgos. El ajedrez, como juego de estrategia, busca simular estas situaciones y decisiones tácticas en un contexto simbólico.

Al combatir codo con codo y agrupados, los alabarderos creaban una táctica efectiva para enfrentar a la caballería enemiga. Encajaban la base de sus lanzas en el terreno y se ocultaban detrás de sus escudos, formando una especie de alfiletero humano.

Es fácil imaginar las consecuencias si un caballero lanzara su caballo al ataque contra esta formación. De manera similar, en el juego de ajedrez, nuestros Peones, cuando se colocan estratégicamente, forman un muro protector como se muestra en la ilustración.

Aquí tenemos un ejemplo de cómo los Peones se protegen mutuamente. Los denominaremos 1, 2, 3 y 4, y los ubicaremos en el tablero según se muestra en la ilustración. Recuerda que los Peones capturan en diagonal, moviéndose hacia un cuadro del mismo color.

En nuestra formación de batalla en el ajedrez, si el Peón número 3 es atacado, tanto el Peón 2 como el Peón 4 pueden destruir al atacante y ocupar la posición original

del Peón 3. En un enfrentamiento entre Peones, puede haber un intercambio más o menos equitativo (Peón por Peón), pero los Peones también pueden capturar cualquier otra pieza, ¡incluso al Rey mismo!

Los términos "ataque", "destruir" y "capturar" se refieren a apoderarse de una pieza enemiga. La palabra "salto" es utilizada en el juego de Damas, pero no se emplea en el ajedrez. Al realizar un ataque, no se salta sobre una pieza enemiga, simplemente se mueve a la casilla que ocupa y se elimina del tablero. Tu pieza ocupará exactamente el lugar donde se encontraba la pieza enemiga.

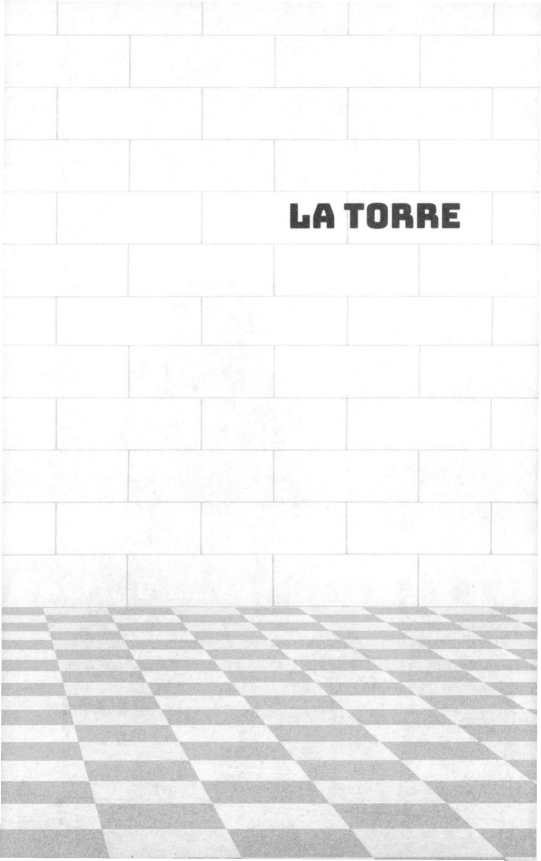

LA TORRE

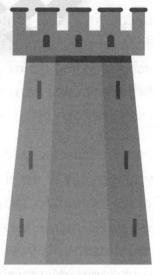

Aquí observamos claramente la forma en que la torre se mueve y ataca, sin diferencia entre su movimiento y su capacidad de ataque, a diferencia del peón.

La torre se desplaza verticalmente u horizontalmente a través de tantos cuadros como se desee. Hay dos acciones que la torre puede realizar que el peón no puede. Puede retroceder y moverse lateralmente, pero no tiene la capacidad de moverse en diagonal.

Al jugar ajedrez, es común escuchar los términos "columna" y "fila". Ambos son términos de origen militar y se utilizan para describir los movimientos en el ajedrez.

La columna en el contexto del ajedrez se asemeja a una línea formada por los soldados dispuestos uno al lado del otro, como ocurre al inicio del juego con los peones. Representa una formación sólida y compacta que busca mantener una defensa conjunta.

Por otro lado, la fila se puede comparar con una hilera de soldados que se desplazan en una dirección determinada, ya sea avanzando hacia el frente o retrocediendo estratégicamente. Esta disposición permite movimientos coordinados y la posibilidad de adaptarse a diferentes situaciones en el campo de batalla del ajedrez.

Así, la columna y la fila son conceptos clave en el ajedrez que reflejan las tácticas y estrategias militares empleadas en la vida real, brindando a los jugadores una comprensión más profunda del juego y sus movimientos.

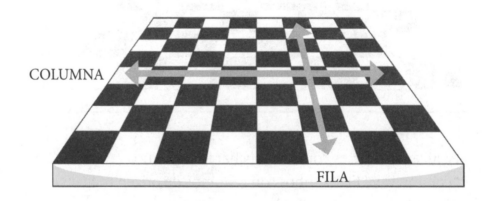

La torre tiene la capacidad de moverse y atacar a lo largo de columnas y filas abiertas en el tablero de ajedrez. En la ilustración proporcionada, la torre puede atacar a cualquiera de los tres peones en su trayectoria.

Sin embargo, uno de estos movimientos representaría una jugada arriesgada y peligrosa. La respuesta a cuál es el movimiento peligroso y por qué depende de la configuración específica del tablero y las posiciones de las piezas en juego.

Como jugador blanco, debes evaluar cuidadosamente la situación y considerar los posibles contraataques del oponente antes de decidir cómo mover la torre. La elección dependerá de tus objetivos estratégicos y tácticos en la partida.

Para conocer la respuesta y obtener una guía más específica sobre cómo mover la torre en la situación dada, se sugiere consultar la página siguiente.

La explicación que has proporcionado es correcta. Si la torre atacara al peón número 2 en la situación dada, sería capturada por el peón número 3. Esto se debe a que el peón número 3 está defendiendo al peón número 2 al ocupar la casilla adyacente.

Es interesante mencionar que en otros idiomas, a la Torre se le denomina "castillo". Algunos jugadores de ajedrez utilizan este nombre para referirse a la torre. Sin embargo, con el fin de mantener la consistencia en este contexto y recordar cómo se mueve, seguiremos utilizando el nombre "Torre".

La Torre es una pieza estratégicamente importante en el ajedrez debido a su capacidad para moverse y atacar a lo largo de columnas y filas abiertas.

Es interesante asociar la imagen de una Torre en el ajedrez con la construcción de una Torre real hecha de grandes bloques de piedra. La colocación de las torres en las esquinas del tablero refuerza esta conexión visual.

La analogía con el trabajo del carpintero y el albañil también es apropiada, ya que la Torre se mueve de manera recta y en ángulos rectos, similar al uso de una escuadra en la construcción. Esta característica de movimiento en escuadra permite que la Torre ataque a cualquier pieza enemiga que se encuentre directamente en su fila o columna.

La Torre es una pieza poderosa en el ajedrez debido a su capacidad para controlar y atacar una amplia extensión del tablero a lo largo de filas y columnas abiertas. Su movimiento recto y su capacidad para ocupar posiciones estratégicas hacen de la Torre una pieza clave en muchas jugadas y planes tácticos.

EL CABALLO

A continuación, se muestra el
movimiento del Caballo en forma
de "L": dos pasos en una columna
(hacia delante o hacia atrás)
seguidos por un paso en la fila
(hacia cualquier lado).

El Caballo posee la habilidad de moverse en diversas
direcciones, como se observa en esta posición, donde
cuenta con ocho posibles movimientos.

El Caballo tiene la capacidad de atacar a cualquier pieza enemiga que se encuentre al final de su movimiento.

Su movimiento sorprendente, un salto y picoteo en forma de "L", puede ser fácilmente recordado al imaginar a un verdadero caballero atacando desde su caballo de guerra. Podemos pensar en el Caballo moviéndose con un salto y un ataque repentino.

Imaginemos que ningún oponente puede detener el avance de un caballero armado montado en un caballo entrenado y reluciente.

El Caballo es la única pieza de ajedrez que puede saltar sobre otras piezas, ya sean aliadas o enemigas.

Históricamente, el Caballo era considerado la máquina de guerra definitiva. Ningún soldado de infantería podía resistir sus embestidas, y no fue hasta la introducción del arco largo por los británicos que el Caballo encontró un rival a su altura.

En el siglo XI, solo 70 caballeros fueron capaces de conquistar todo el reino civilizado de Silicia.

Es importante destacar que el Caballo no puede caer en un cuadro del mismo color desde el cual hizo su salto inicial.

En la siguiente ilustración se pueden observar muchos de los posibles movimientos de ataque que puede realizar un caballo. ¿Sabes cuál de estos ataques sería fatal para él?

Respuesta: El Caballo puede atacar al Peón número 1 o al Peón número 2 sin ningún peligro. Sin embargo, si ataca al Peón número 4 o a la Torre número 5, sería capturado en la siguiente jugada.

¿Cuál sería su mejor movimiento?

Respuesta: El mejor movimiento (o jugada) sería atacar a la Torre número 3. ¿Por qué?

En el juego de ajedrez, siempre se busca capturar primero a las piezas más poderosas. La Torre es una pieza mucho más importante que un Peón, por lo tanto, atacar a la Torre sería la elección más estratégica.

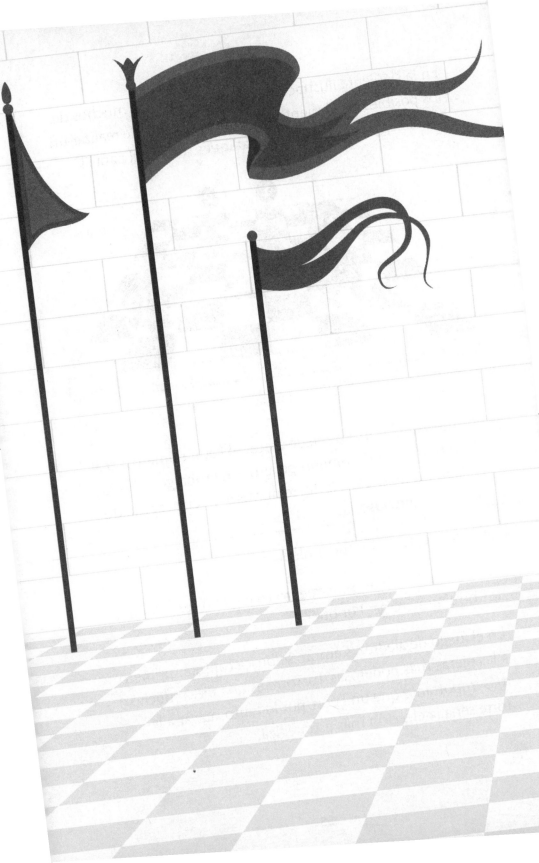

EL ALFIL

El Alfil se mueve en dirección diagonal,
ya sea hacia adelante o hacia atrás, y
puede moverse tantos cuadros como desee
en esa dirección.

Puede atacar a una pieza enemiga que se encuentre
directamente en su camino en su movimiento diagonal.

A continuación, se muestra una ilustración que representa los dos Alfiles al comienzo de una partida.

Uno de los Alfiles siempre se posiciona en los cuadros oscuros, mientras que el otro siempre se ubica en los cuadros claros a lo largo de toda la partida.

El Alfil de la izquierda tiene la libertad de moverse en cualquier dirección diagonal, ya que no hay ninguna pieza obstruyendo su camino. Sin embargo, el Alfil de la derecha no tiene ambas diagonales despejadas. Una de las diagonales está bloqueada por uno de sus propios Peones. Debe moverse hacia el Peón para que el Alfil pueda acceder a esa diagonal.

A excepción del Caballo, ninguna de las piezas situadas detrás de los Peones puede moverse hasta que los Peones se hayan movido.

Aquí tenemos una ilustración que ayudará a comprender los movimientos del Alfil.

En esta situación, el Alfil tiene cuatro posibles movimientos (ataques).

¿Puedes ver cuáles son? ¿Eres capaz de identificar cuál de los ataques no sería prudente?

Respuesta: El Alfil puede atacar a la Torre número 1 o al Caballo número 3 sin correr ningún peligro. Sin embargo, si atacara al Peón número 2, sería capturado por el Caballo, y si atacara a la Torre número 4, sería capturado por el Peón número 5.

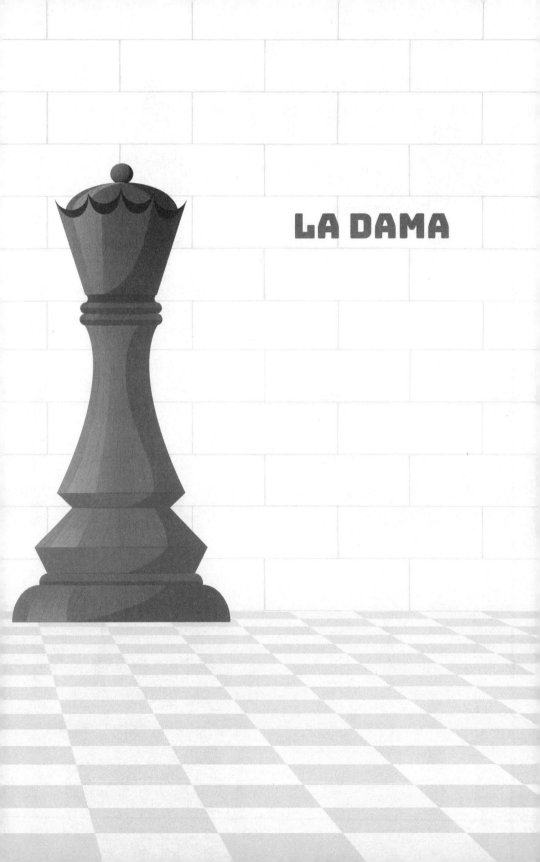

LA DAMA

En los movimientos de la Dama (también conocida como Reina), podemos apreciar su inmenso poder. ¡Sus movimientos combinan la fuerza de la Torre y la agilidad del Alfil!

En la ilustración, podemos observar que puede moverse en ocho posibles direcciones y ¡capturar!

La Dama puede desplazarse hacia adelante y hacia atrás, de lado a lado y en diagonal, ocupando tantas casillas desocupadas como desee.

Tiene la capacidad de capturar a cualquier pieza enemiga que se encuentre en el camino de sus ataques.

Aquí vemos a la Dama rodeada de sus enemigos.

¿Cuántas piezas crees que podría atacar? Cuéntalas.

¿Cuál de estos ataques podría resultar en la captura de la Dama?

Respuesta: La Dama puede atacar a cualquiera de las siguientes piezas Negras (un total de 5) sin correr peligro de ser capturada:

Cualquiera de los Alfiles Negros, números 5 y 6.

Cualquiera de los Caballos Negros, números 8 y 4.

También puede atacar a la Torre Negra número tres.

Sin embargo, si atacara a la Torre número 2, sería capturada por el Alfil número 6.

Si atacara al Peón número 1, sería capturada por el Caballo número 8.

Si atacara al Peón número 7, sería capturada por la Torre número 3.

Como puedes ver, no es prudente atacar una pieza que ya está defendida. ¡Siempre se debe atacar a las piezas no defendidas!

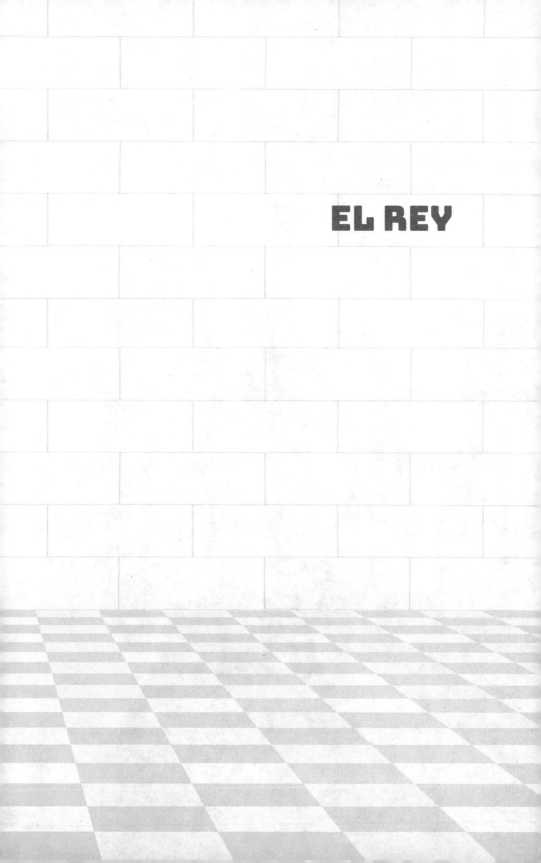
EL REY

Y finalmente, llegamos al gobernante supremo, la razón de ser del ajedrez, ¡el Rey!

Su palabra era ley y sus súbditos le debían lealtad y protección. Era natural que todos anhelaran su supervivencia en cada batalla contra un enemigo.

Lo mismo ocurre en el ajedrez. Cada una de las piezas se mueve con el objetivo de proteger a su soberano y capturar a los enemigos.

Observa que el Rey se mueve y ataca exactamente de la misma manera que la Dama, pero con una velocidad limitada, solo avanzando un cuadro a la vez.

En la siguiente página, lo vemos rodeado de sus enemigos.

Cuando el Rey está amenazado de ser capturado, se utiliza una palabra que solo se emplea para el Rey: "jaque". Es una voz de alarma que se debe decir siempre que el Rey enemigo esté en peligro.

Cuando el Rey queda atrapado e incapaz de salvarse, decimos "jaque mate" o simplemente "mate".

Aquí tenemos al Rey Blanco en "jaque". Esto significa que será capturado en el próximo movimiento a menos que pueda evitarlo.

¿Puedes identificar la pieza que lo amenaza y qué puede hacer el Rey para evitarlo?

Es el Caballo Negro el que lo amenaza.

El Rey Blanco tiene solo un movimiento posible. ¿Lo ves?

Marca el cuadro (ligera y suavemente con un lápiz) donde crees que podría refugiarse. La respuesta se encuentra en la siguiente página.

Un Rey puede liberarse del jaque de tres maneras diferentes: moviéndose fuera del alcance de la pieza que lo amenaza, capturando a la pieza que le daría jaque o colocando a una de sus propias piezas entre él y el atacante.

Respuesta: El único movimiento posible para el Rey está indicado por la flecha.

Naturalmente, en esta situación, la captura del Rey es inminente. Cuando finalmente se produzca el "jaque mate" o cuando el jugador se rinda (o mejor dicho, se rinda el jugador) según se indica, la partida llega a su fin.

El Rey se coloca tendido sobre el tablero y todo ha terminado.

La expresión "jaque mate" proviene del persa "shah mat", que significa "el Rey está muerto".

Después, cuando intentemos jugar una partida, nos referiremos más a menudo a los "jaques" al Rey.

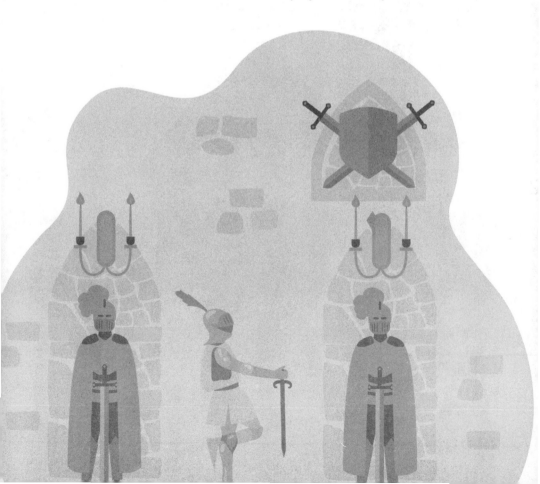

EL ENROQUE

Ahora vamos a hablar de una jugada especial que involucra al Rey. Su objetivo es mover al Rey para evitar su posible captura.

Esta jugada se llama enroque y se puede realizar una sola vez por jugador durante una partida, tanto con el Rey como con cualquiera de las Torres.

El Rey y la Torre se mueven al mismo tiempo, como una sola acción.

El enroque es una jugada sencilla: el Rey se mueve dos casillas hacia un lado y luego la Torre se coloca alrededor del Rey. Esto se puede hacer en cualquier lado del Rey y con cualquier Torre.

Esta mitad del tablero
se le llama lado de la dama

La ilustración muestra cómo se realiza el enroque del lado de la Dama. Solo en el enroque se mueven dos piezas al mismo tiempo.

Este es el enroque del
lado del Rey.

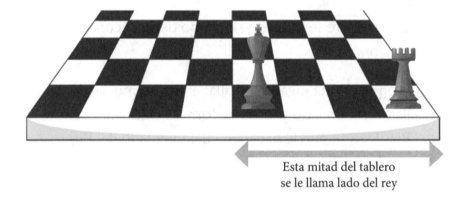

Esta mitad del tablero
se le llama lado del rey

El enroque solo se puede hacer bajo las siguientes
condiciones:

1. Todas las casillas entre la Torre y el Rey deben estar
   desocupadas.

2. Solo se puede realizar si ni el Rey ni la Torre han sido
   movidos desde el comienzo de la partida.

3. El Rey no puede enrocar si está en "jaque" o si tiene
   que moverse a una casilla amenazada por una pieza
   enemiga.

Al Rey solo se le permite realizar esta maniobra del
enroque una vez durante la partida.

Hasta aquí hemos cubierto los movimientos básicos del ajedrez.

TERCERA PARTE

¿Cómo jugar?

El juego rápido
(la guerra relámpago)

Ahora que estamos familiarizados con las piezas y cómo se mueven, ¡vamos a comenzar la verdadera partida! Tú representarás al ejército Blanco.

Para esta primera partida, vamos a tener un poco de ayuda, ya que queremos asegurarnos de que se entienda lo que sucede.

Llamaremos a esta primera partida "La Guerra Relámpago". El término proviene del alemán "Blitzkrieg" (Blitz que significa relámpago y Krieg, que significa guerra). Fue una frase ampliamente conocida durante la Segunda Guerra Mundial.

En el juego de ajedrez, las Blancas siempre juegan primero, pero antes de comenzar la partida, es conveniente estudiar al enemigo por un momento.

En cualquier defensa, siempre hay un punto débil. El ajedrez no es una excepción.

Y este Peón representa el único punto débil en la defensa de las Negras. ¿Por qué?

Si observas las piezas, notarás que este Peón en particular solo está defendido por el Rey. Si el Peón fuera capturado, solo el Rey podría eliminar a la pieza atacante.

Las Blancas también tienen su punto débil en la defensa, pero debido a que tienen el primer movimiento (y, por lo tanto, la "iniciativa"), el ejército Blanco no tiene por qué preocuparse.

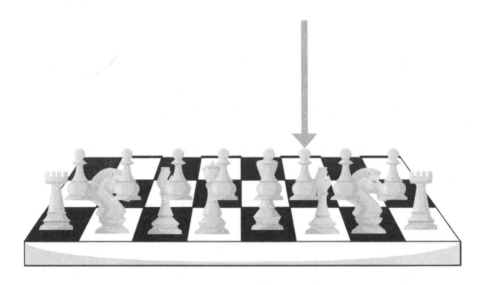

Ahora, vamos a comenzar la partida. Recuerda que vamos tras el Rey Negro.

Comenzaremos moviendo un Peón (dos casillas si así lo deseas) hacia el centro del tablero, de esta manera.

Ahora el Peón entra en batalla. ¿Qué te permite hacer esto en tu siguiente jugada?

El movimiento del Peón abre dos diagonales. Observa que tanto el Alfil como la Dama pueden moverse a cualquiera de los cuadros marcados por las líneas de rayas.

Ahora tienes la oportunidad de elegir: ¡mover cualquiera de las dos piezas que representan un peligro potencial!

El primer movimiento de las Negras
bloquea el Peón con uno de los suyos;
una respuesta lógica y típica.

Ahora tú mueves el Alfil. ¿Puedes ver cómo ahora el Alfil
amenaza a un Peón débil?

Nuevamente, las Negras responden moviendo su Alfil exactamente de la misma manera que el Alfil blanco. Parece que la partida está bastante pareja, ¿no?

Pero ahora es tu turno de jugar. Sacas a la Dama, aumentando la presión sobre ese Peón débil.

De repente, entramos en la fase crítica de la batalla. Como en la mayoría de las batallas, hay un punto en el que cambia la suerte y el desastre es inminente. Esto puede suceder por falta de refuerzos en el momento necesario, no reconocer la fuerza del enemigo o por muchas otras razones.

Pero en esta partida, el enemigo simplemente no se da cuenta del peligro que representa tu Dama y mueve su Caballo así...

¡Y ahora atacas con la Dama!

Capturas al Peón Negro y amenazas al Rey (le das jaque) con la Dama. El Rey está indefenso. No tiene ningún lugar adonde moverse para escapar de la Dama y no puede capturar a la Dama

"¡Jaque mate! ¡La Guerra Relámpago en solo cuatro movimientos!"

¿No fue una victoria sorprendentemente rápida? Prueba esto con un amigo, pero ten cuidado, ¡quizás también conozca los movimientos de la Guerra Relámpago!

Cómo iniciar el juego

Al comenzar el juego, es importante seguir algunas reglas básicas que te ayudarán a iniciar la partida correctamente, especialmente si eres un principiante.

Unas cuantas reglas básicas ayudarán a principiar la partida correctamente.

1. Trata de controlar las cuatro casillas centrales del tablero. Estas casillas son estratégicamente importantes, ya que representan el cruce de caminos del tablero.

2. Un buen movimiento inicial es avanzar el Peón del Rey (el peón frente al Rey) dos casillas hacia adelante.

Este movimiento no solo ocupa una de las casillas centrales, sino que también abre los caminos diagonales para la Dama y el Alfil.

También es aceptable mover el Peón de la Dama en el primer movimiento.

3. Mover el Caballo también es una buena opción, siempre y cuando el siguiente movimiento del Caballo controle una de las casillas centrales.

AQUÍ, NO

4. Procura proteger (defender) cada peón tan pronto como sea posible.

Además, es importante defender todas las piezas que muevas.

Esto te brinda una sólida defensa, ya que sabes que ninguna de tus piezas puede ser capturada sin que el enemigo sufra una pérdida equivalente.

Evita mover la misma pieza repetidamente a menos que esté siendo atacada. Si una de tus piezas ocupa o amenaza alguna de las casillas centrales y no está en peligro, entonces mueve otras piezas para ocupar más casillas centrales.

Siempre es una buena táctica concentrar más fuerzas, como peones, alfiles y caballos, hacia las piezas y el rey enemigo. Esta estrategia te brindará una mayor ventaja táctica en el juego.

Recuerda que estas son reglas básicas y que en el ajedrez existen muchas posibilidades estratégicas. A medida que adquieras más experiencia, podrás explorar y desarrollar tu propio estilo de juego.

ATAQUE Y DEFENSA

Una vez que la partida está en marcha y ya se ha tomado el control de las cuatro casillas centrales, esperamos que las siguientes jugadas sean para debilitar la defensa de los enemigos del Rey.

Una de las formas de hacerlo es abrir una brecha en su línea defensiva a través de la cual se pueda atacar al Rey, como en la partida de la guerra relámpago. Otra forma es capturar todas las piezas fuertes posibles del enemigo, como la Dama, la Torre, el Alfil o el Caballo, dejando al Rey indefenso. Si podemos capturar su Torre, por ejemplo,

sin perder una de las nuestras, habremos obtenido una ventaja al debilitar la capacidad del contrario para atacar y defenderse.

Como buenos generales, observamos todo el tablero en busca de las piezas enemigas que no estén protegidas y que se puedan atacar, mientras nos aseguramos de que nuestras propias piezas estén seguras.

A veces, para obtener una ventaja en fuerza, debemos sacrificar alguna de nuestras piezas. Pero al hacerlo, le reservamos al enemigo una sorpresa. El ajedrez es un juego de sorpresas, y la idea es sorprender al enemigo en lugar de ser sorprendidos por él.

En la siguiente imagen se muestra un Caballo cargando contra dos lanceros. Supongamos que son nuestros hombres los que están siendo atacados. ¿Qué podríamos hacer? ¡Cuidémonos de las sorpresas!

Dado que el Peón número 2 puede ser protegido, decidimos defenderlo moviendo el Peón número 3. Ahora parece menos probable que el Caballo Negro ataque al Peón número 2, ¿verdad? Veamos.

Una vez que uno de los Peones ha quedado defendido, la víctima lógica sería el otro Peón. Pero supongamos que el Caballo Negro decide suspender su ataque y coloca otra pieza, como una Torre, en la fila directamente detrás de él. Así:

Ahora, cuando se mueve una pieza a un cuadro determinado, debemos revisar rápidamente todas las direcciones en las que la pieza puede moverse en la siguiente jugada.

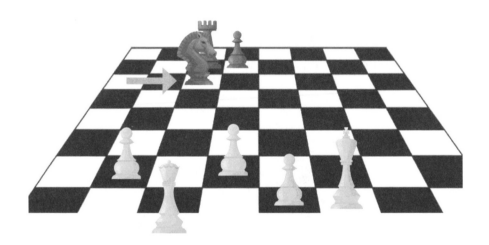

¿Por qué suponemos que la Torre Negra se detuvo detrás de su propio Caballo cuando claramente está siendo bloqueada por el Caballo? Sin embargo, ¡supongamos que el Caballo se mueve! ¿Qué pieza resulta amenazada?

Siempre debemos observar todo el tablero y, al seguir el posible ataque de la Torre, nos damos cuenta de que en la misma fila se encuentra nuestra Dama.

Pero aparentemente eso no representa un peligro especial, así que sacamos otro Peón para proteger al Peón número 1.

Luego, el Caballo Negro se mueve y captura el Peón número 2. Al principio parece una jugada tonta, ya que nuestra Dama puede atacar fácilmente y capturar la Torre Negra. Pero, ¿puede hacerlo?

Al mismo tiempo que el Caballo captura al Peón, ¡también amenaza al Rey! (Recuerda que debes vigilar todo el tablero, todo el campo de batalla.)

Ahora tenemos que actuar ¡y rápido! O bien movemos al Rey para ponerlo fuera de peligro (el jaque) o eliminamos al atacante.

Si estudiamos esta situación por un momento, podríamos decir: "bueno, ¿y qué si el Rey está en jaque? ¿No defendimos precisamente a ese Peón?" Entonces, solo capturamos al Caballo Negro con nuestro Peón. ¡Qué victoria tan fácil! Perdemos un Peón, pero capturamos un Caballo.

¡Pero ahora viene la sorpresa! La Torre Negra se desplaza por todo el tablero y captura a nuestra Dama. ¡Una gran pérdida!

Uno debe darse cuenta de que en el ajedrez (o en la guerra) no solo se trata de una fuerte defensa (o ataque). También es una cuestión de oportunidad: "cuándo atacar".`

En este caso, el Caballo Negro no atacó hasta que la Torre quedó en posición. Luego realizó un doble ataque con dos piezas al mismo tiempo.

Nuestro Peón fue capturado a pesar de estar defendido y al mismo tiempo se le dio jaque al Rey; la Dama también quedó amenazada por la Torre. ¡Y todo esto ocurrió con un solo movimiento del Caballo!

¡Claro que teníamos que ceder algo! Era necesario salvar al Rey y la Dama fue la que más se perdió.

Por supuesto, esto no significa el final de la partida, pero sin embargo, fue un golpe demoledor. Recuerda que para que un ataque tenga éxito, debe tener la fuerza adecuada, y también recuerda vigilar todo el tablero.

Nuevamente, la guerra relámpago

Ahora hemos jugado una partida completa y hemos aprendido un poco sobre cómo comenzarla (esos importantes cuatro cuadros centrales). Hemos aprendido un poco más sobre el ataque y la defensa. Entonces, vamos a jugar otra partida y veremos lo que hemos avanzado.

Hemos visto lo rápido que se puede ganar una partida. Así que intentemos nuevamente la guerra relámpago. ¿Por qué no?

Sin embargo, en esta ocasión, supondremos que estamos jugando contra alguien con más experiencia.

Nosotros, las Blancas, comenzamos y descubrimos que cada una de nuestras jugadas se encuentra con la misma defensa.

Esto se está volviendo interesante y esperamos ansiosamente que las Negras caigan en la misma trampa mortal.

¿Sucederá? Esperemos.

Sin embargo, las Negras responden
con su otro Caballo, ¡bloqueando
el ataque de la Dama! Ahora, ¿qué
haremos?

Parece evidente que el ataque de la Dama ha sido
detenido y, después de pensarlo un poco, decidimos
mover un Peón para defender a nuestro Alfil y al Peón
(una jugada cautelosa).

Las Negras también parecen proceder con cautela al mover un Peón.

Sin saber qué hacer, haremos entonces otra jugada cautelosa. En este punto, algo que no podemos ver ha pasado de nosotros al enemigo. A esto se le llama "iniciativa".

Nosotros llevamos la iniciativa durante la partida anterior y ganamos porque en todo momento sabíamos exactamente qué hacer.

Aquí estamos indecisos y tan pronto como el enemigo se dé cuenta de esto, ¡cuidado!

No hay duda de que ahora sabemos lo que es caminar en un pantano o entre niebla. No se puede mover uno muy rápido, ¿verdad?

Y cuando esto sucede durante un ataque en una batalla (literalmente, cuando el ataque "afloja"), ¡es el momento ideal para que el enemigo ataque!

Después de nuestro segundo movimiento indeciso, las Negras contraatacan. ¡Contraatacan!

Las Negras avanzan un Peón dos cuadros, atacando
simultáneamente a nuestro Peón y a nuestro Alfil. A
este tipo de movimiento que amenaza a dos piezas se le
llama horquilla. Observemos también que el Peón está
defendido de tres maneras (por el Peón, el Caballo y la
Dama).

El Alfil no puede escapar, así que debemos eliminar al
Peón Negro.

Es obvio que la mejor forma de eliminar a ese molesto Peón Negro es capturándolo con nuestro Peón, como se muestra arriba, y esperar la respuesta de las Negras.

Observa que, aunque hemos capturado una de las piezas Negras (el Peón), ya no tenemos la iniciativa. Estamos esperando para ver cuáles son los planes del enemigo.

Y, por supuesto, mientras más astuto sea el enemigo, menos probable será que podamos anticiparnos a su estrategia.

El intercambio de Peones mantendría el equilibrio de las fuerzas, pero si pudiéramos sacrificar un Peón para capturar un Caballo o un Alfil, sin poner en peligro nuestra posición, tomaríamos la delantera en fuerza y poder.

Aquí, las Negras (el jugador experto) hacen lo inesperado. En lugar de capturar a nuestro Peón con el suyo, abren una nueva zona de batalla, amenazando a nuestra Dama con su Alfil. Nuestra Dama solo tiene un cuadro seguro donde refugiarse. Cada uno de los otros cuadros está controlado por una pieza Negra y el Alfil atacante está protegido por un Caballo.

No hay otra alternativa. Nuestra Dama debe regresar a su posición.

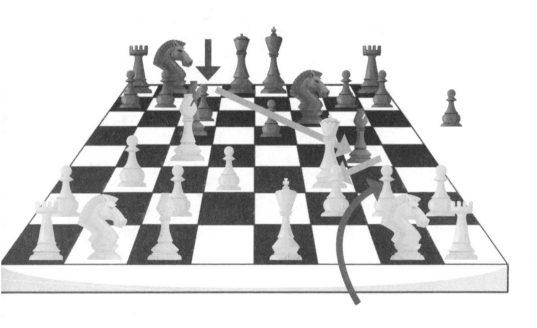

Es evidente que la presión está sobre nosotros y, sin disimularla, las Negras colocan a su Rey en una posición más segura y, al mismo tiempo, ponen en juego otra de sus piezas fuertes.

Esto se logra mediante el enroque, como se muestra.

Todavía estamos preocupados por nuestra Dama y nos gustaría mucho poder evacuarla. Y de repente, ¡descubrimos un Peón indefenso!

Probablemente este sea nuestro error más grave desde el fracaso de nuestra guerra relámpago. Las Negras simplemente mueven su Torre a la columna de nuestra Dama.

Ahora estamos en verdaderas dificultades, ya que la Dama no puede escapar porque dejaría al descubierto al Rey, y la partida terminaría. Por lo tanto, nos vemos obligados a capturar a la Torre Negra.

Cuando capturamos la Torre Negra, ¡también damos jaque al Rey Negro! Pero este momento de gloria puede ser de corta duración.

Observemos que hemos capturado tres piezas Negras sin sufrir pérdidas.

La Dama negra captura nuestra Dama Blanca y da jaque a nuestro Rey.

Nuestro Rey puede moverse para librarse del jaque, pero bloquear el ataque. Tenemos varias opciones. Pero recordemos: una decisión equivocada en el ajedrez (o en una batalla) puede ser fatal. Por lo general, no se cuenta con una segunda oportunidad.

Por ejemplo, supongamos que decidimos proteger a nuestro Rey bloqueando la amenaza con el Caballo.

¿Será esta la defensa adecuada? Veamos.

Desafortunadamente, no lo es, porque el ataque de la Dama Negra está respaldado por su Alfil.

¡Jaque mate y terminó la partida!

Observa que desde el principio del contrataque, las Negras no dejaron de ejercer presión, atacando y bloqueando constantemente, para que no se usaran las piezas fuertes de las Blancas para otra cosa que no fuera la defensa del Rey. Luego vino el error fatal y ¡todo terminó!

Como ejercicio, volvamos y coloquemos las piezas en el tablero exactamente como estaban en el momento del jaque de la Dama Negra.

Sin embargo, en esta ocasión, bloquearemos el jaque de la Dama con nuestro Alfil en lugar de con el Caballo, y veremos cómo nos podemos defender y prolongar la batalla.

Esta fue una partida más larga que nuestra guerra relámpago, ¡y también la perdimos! Pero, no obstante, fue divertido y aprendimos unas cuantas tácticas sorpresivas.

Siempre es útil analizar nuestros errores, incluso si carecen de importancia. Pero recordemos que en el ajedrez, las equivocaciones siempre duelen.

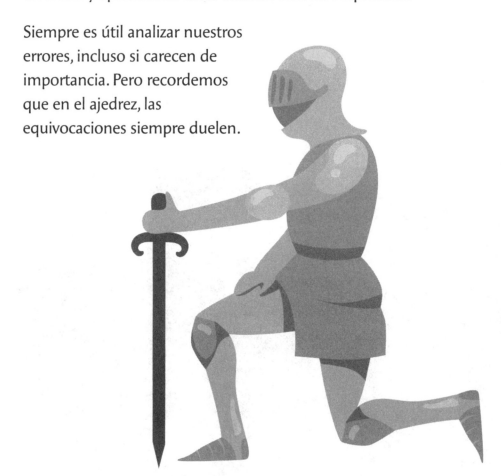

Cómo terminar el juego

Para terminar el juego y lograr el jaque mate, sigue estas indicaciones:

1. Estudia la posición del Rey enemigo y busca la casilla clave, que es el punto débil y la defensa principal del Rey.

En este caso, identifica la casilla clave que está ocupada por un peón.

Esto se debe a que todas las demás piezas están protegidas o no están comprometidas en la defensa del Rey, mientras que este peón solo está protegido por el propio Rey.

Si las piezas **Negras** estuvieran dispuestas de esta manera, esta casilla podría convertirse en la clave para que las Blancas la ocupen.

Aquí, el Rey negro se encuentra atrapado entre sus propias piezas, lo que le impide escapar.

Además, esta casilla clave carece de protección, por lo que si la Dama Blanca o la Torre pudieran ocuparla, se produciría un "jaque mate" inevitablemente.

2. Una vez identificada la casilla clave, atácala con todas tus fuerzas.

   La casilla clave no siempre estará cerca del Rey, y el enemigo puede no ver el peligro hasta que sea demasiado tarde.

3. Por lo general, es mejor colocar la pieza más fuerte (preferiblemente la Dama) en la casilla clave.

4. Asegúrate de que la casilla clave esté adecuadamente protegida antes de atacar. Puedes protegerla con varias piezas, cuantas más mejor, ya que a veces un simple jaque no es suficiente y el enemigo puede escapar. Reúne la mayor fuerza posible para sostener la zona clave y así terminar rápidamente la partida.

El descubrimiento de esta casilla clave se logra gradualmente al familiarizarse por completo con los movimientos de cada pieza.

En este momento puede resultar difícil distinguirla, pero a medida que juegues más partidas de ajedrez, te resultará más fácil encontrarla. Además, jugar ajedrez de manera continua es una excelente forma de entretenimiento si realmente deseas dominar el juego.

Existen muchas otras formas de terminar una partida. A veces, tu oponente comete errores estúpidos o descuidados, y debes ser rápido para aprovechar al máximo esos errores. Una vez más, esto requiere una familiarización completa con la forma en que cada pieza se mueve. Recuerda que en el ajedrez no existe la suerte ni la piedad.

Para concluir una partida después de los movimientos iniciales de apertura, se pueden seguir los siguientes pasos:

1. Estudia la posición del Rey en el tablero y observa posibles debilidades o casillas clave alrededor de él.

2. Decide cuál es la casilla clave en la que centrar tu ataque. Esta es la casilla que representa la mayor vulnerabilidad del Rey enemigo.

3. Comienza a ejercer presión sobre esa zona con varias de tus piezas. Esto implica desarrollar una estrategia gradual en la mitad del juego, donde tanto tú como tu oponente estarán ejerciendo presión y contrapresión en el tablero.

4. Una vez que hayas preparado el terreno, ataca la casilla débil con tu pieza más poderosa, preferiblemente la Dama si está disponible.

5. Una vez que hayas iniciado el ataque, mantén al Rey enemigo en jaque en cada jugada posible. No le des respiro y busca constantemente reducir las opciones de escape hasta que finalmente no haya ningún lugar seguro para el Rey.

Mensajes y tips
adicionales

Aprender a jugar ajedrez lleva tiempo y práctica,
al igual que aprender cualquier otra habilidad.
No te desanimes si al principio cometes errores
o te aburres en ciertas situaciones.
El ajedrez puede ser emocionante cuando se
comienza un ataque o cuando se defiende de
manera sólida.

El ajedrez es un juego que se puede disfrutar durante toda la vida. Al igual que nadar, una vez que aprendes a jugar, es una habilidad que nunca se olvida. Además, el ajedrez puede ser jugado por personas de todas las edades, y es especialmente satisfactorio cuando logras derrotar a oponentes más experimentados. Disfruta del juego y sigue mejorando tus habilidades.

- "El peón avanza de a uno, pero puede atacar en diagonal."

- "La torre se mueve en línea recta, ¡como un coche en la carretera!"

- "El caballo da saltos en forma de 'L', es un movimiento especial."

- "El alfil se desliza en diagonal, como un patinador en el hielo."

- "La reina es la más poderosa, se mueve en línea recta y diagonal."

- "El rey es importante, pero no puede dar pasos grandes."

- "El enroque: el rey y la torre se protegen mutuamente."

- "Ajedrez es un juego de mente, piensa antes de mover."

- "¡Atención al jaque! Protege al rey con tu próxima jugada."

- "Cuando el rey está amenazado, debes hacer jaque mate."

- El objetivo del ajedrez es capturar al rey del oponente.

- Cada jugador tiene 16 piezas al principio del juego.

- El peón es la pieza más pequeña y se mueve hacia adelante.

- El caballo se mueve en forma de "L" y puede saltar sobre otras piezas.

- La torre se mueve recto hacia adelante, hacia atrás o de lado.

- El alfil se mueve en diagonal.

- La reina es la pieza más poderosa y puede moverse en cualquier dirección.

- El rey es la pieza más importante y debes protegerlo.

- El enroque es un movimiento especial que puede hacer el rey y la torre juntos.

- El jaque es cuando el rey está en peligro.

- El jaque mate es cuando el rey no puede escapar del jaque y el juego termina.

- Piensa antes de mover y planifica tus jugadas.

- Aprende las jugadas básicas primero y luego practica tácticas más avanzadas.

- ¡El ajedrez es divertido! Juega con amigos y diviértete.